全国中等职业技术学校汽车类专业

汽车故障诊断与排除 习题册

中国劳动社会保障出版社

图书在版编目(CIP)数据

汽车故障诊断与排除习题册/祖国海主编. —北京：中国劳动社会保障出版社，2017

全国中等职业技术学校汽车类专业

ISBN 978-7-5167-3180-2

Ⅰ.①汽… Ⅱ.①祖… Ⅲ.①汽车-故障诊断-中等专业学校-习题集②汽车-故障修复-中等专业学校-习题集 Ⅳ.①U472.4-44

中国版本图书馆 CIP 数据核字(2017)第 202065 号

中国劳动社会保障出版社出版发行

(北京市惠新东街 1 号 邮政编码：100029)

*

三河市潮河印业有限公司印刷装订　　新华书店经销

787 毫米×1092 毫米 16 开本 4.25 印张 98 千字

2017 年 8 月第 1 版　　2025 年 5 月第 10 次印刷

定价：8.00 元

营销中心电话：400-606-6496

出版社网址：http://www.class.com.cn

http://jg.class.com.cn

目　录

第一章　汽车故障诊断概述

§1—1　汽车故障的一般表现症状

一、填空题（将正确答案填写在横线上）

1. 运行异常是指____。

2. 外观异常是指____。

3. 汽车外观异常的故障原因多为__________、__________、__________和轮胎等出现异常。

4. 温度异常是指____。

5. 汽车过热现象通常表现为__________、__________、__________、__________。

6. 在发动机工作过程中，正常燃烧生成物的主要成分应当是____________和少量的__________。

7. 耗油异常是指____________________。

8. 渗漏是指____。

9. 对于汽油机而言，正常的废气应________________。当气缸上窜机油时，废气呈__________；燃烧不完全时，废气呈__________；油中掺水时，废气呈__________。

二、判断题（对的打“√”，错的打“×”）

1. 发动机不易起动或起动后运转不稳定属于运行异常故障。（　　）

2. 汽车外观异常会引起行驶方向不稳、行驶跑偏、重心偏移、轮胎摩擦不均匀等。（　　）

3. 汽车运行过程中，允许发动机出现过热现象。（　　）

4. 汽车刹车时，允许制动鼓总成出现过热现象。（　　）

5. 耗油异常一般指燃油消耗异常。（　　）

6. 汽车运行过程中不允许出现声响。（　　）

7. 发动机内部的活塞环与气缸壁的摩擦声属于异响。（　　）

8. 发动机轴承响属于异响。（　　）

三、问答题

汽车故障症状大致可分为哪几类？

§1—2　汽车故障产生的主要原因

一、填空题（将正确答案填写在横线上）

1. 汽车上的消耗品主要有＿＿＿＿＿和＿＿＿＿＿等，这些添加用品质量差会严重影响汽车的使用＿＿＿＿＿＿和使用＿＿＿＿，使汽车较易发生故障。

2. 汽车在使用过程中，由于各种各样的原因导致不可避免地发生故障，使汽车的＿＿＿＿＿、＿＿＿＿＿＿、＿＿＿＿＿＿＿和使用安全性等发生变化。

3. 空气滤清器芯、火花塞等属于易损零件，均需定期＿＿＿＿＿。

二、问答题

汽车故障的主要形成原因有哪些？

§1—3　汽车故障诊断的基本原则

一、填空题（将正确答案填写在横线上）

1. 汽车出现故障时，应优先用＿＿＿＿＿方法检查可能出现故障的部位，例如用＿＿＿＿＿、＿＿＿＿＿、＿＿＿＿＿，通过采用＿＿＿＿＿＿＿的检查方法，将一些较为明显的故障迅速查找出来。

2. 在对汽车进行故障诊断时，应首先针对＿＿＿＿＿＿＿＿进行分析，明确引起故障的＿＿＿＿＿＿，确定优先检查的方向和部位。

3. 汽车出现故障后，在检查部件时，应掌握好＿＿＿＿＿＿＿＿的原则。

4. 在检修故障车辆时，应准备好维修车型的有关＿＿＿＿＿＿＿。

5. 电子控制系统一般都有＿＿＿＿＿＿＿＿功能。

二、问答题

汽车故障诊断的基本原则是什么？

第二章　汽车发动机故障诊断与排除

§2—1　汽油机燃料系故障诊断与排除

一、填空题（将正确答案填写在横线上）

1. 汽油机燃料系故障诊断的基本方法有________、________、____________、________、____________、____________。

2. 汽车故障在热机时出现，可用__________方法检查其是否有故障。

3. 汽车故障在雨天或温度较大条件下产生时，可通过______________方法进行故障诊断。

4. 当汽车电控系统出现故障时，“CHECK ENGINE”（发动机检查）灯__________。

5. 当汽车故障排除后，应当______________存储器所存储的故障码。

6. 简单仪表诊断法就是利用______________和______________为主的通用仪表，对汽车电控系统故障进行诊断的方法。

7. 对汽车电气系统，用万用表测量元件的__________或__________进行故障诊断。

8. 对汽车电气系统，用示波器测试元件工作时的________________进行故障诊断。

9. OBD-Ⅲ主要目的就是______________________________。

10. 模拟故障征兆诊断方法主要有____________、____________、____________。

11. 振动试验法主要包括在水平和垂直方向________________________；用手轻轻拍打________________等控制部件。

12. 解码器分为____________和____________两种。

13. 汽车故障码常见的显示方式有____________、______________、______________、______________。

14. 汽油机燃料系由____________、____________、____________组成。

15. 汽油机燃油供给装置主要由油箱、____________、____________、____________、____________和燃油总管等组成。

16. 发动机电子控制系统主要由__________、__________和__________组成。

17. 汽油发动机混合气过浓故障现象主要有________________、________________、________________和火花塞有大量的积炭。

18. 汽油发动机混合气过稀的故障现象有________________、________________、________________，以及怠速不稳、容易熄火。

19. 汽油机怠速不良包括__________、__________、__________和__________等。

二、判断题（对的打“√”，错的打“×”）

1. 进行汽车故障诊断与排除时，没有必要向车主询问。（ ）

2. 外部检查是排除一般性故障的重要程序。（ ）

3. 在 OBD-Ⅱ控制系统中，每个电脑都是相对独立的。（ ）

4. 若冷却液温度传感器电阻值大于实际温度下的电阻值，会造成混合气过稀。（ ）

5. 若燃油压力能随节气门开度变化而改变，但压力始终偏高，则说明油压调节器有故障。（ ）

6. 电控发动机无故障码说明发动机一切正常。（ ）

7. 在进行加热实验时，可以对发动机控制模块中的元器件进行加热。（ ）

8. 对装有第二代随车诊断系统 OBD-Ⅱ的汽车，只需一台仪器即可调出各汽车制造公司生产的各型汽车故障码。（ ）

9. 电脑诊断仪 V. A. G1552 是一种通用解码器，适用于任何车型。（ ）

10. 只有当电源被切断后，才可以拆下或插上电脑诊断仪上的程序卡。（ ）

11. 利用解码器可准确判断故障的具体部位。（ ）

三、写出故障原因并画出鱼骨图

1. 不来油或来油不畅。

（提示：根据故障原因的类别画出鱼骨，并将序号填入鱼骨图中）

①______ ②______

③______ ④______

⑤______ ⑥______

2. 混合气过浓。

①______ ②______

③______ ④______

⑤______ ⑥______

⑦______ ⑧______

3. 混合气过稀。

①______ ②______
③______ ④______
⑤______ ⑥______
⑦______

4. 怠速不稳，容易熄火。

①______ ②______
③______ ④______
⑤______ ⑥______
⑦______ ⑧______

5. 热车怠速不稳或熄火。

①______ ②______
③______ ④______

6. 热车怠速过高。

①______ ②______
③______ ④______
⑤______ ⑥______

7. 加速不良。

①______________________ ②______________________

③______________________ ④______________________

⑤______________________ ⑥______________________

⑦______________________

8. 动力不足。

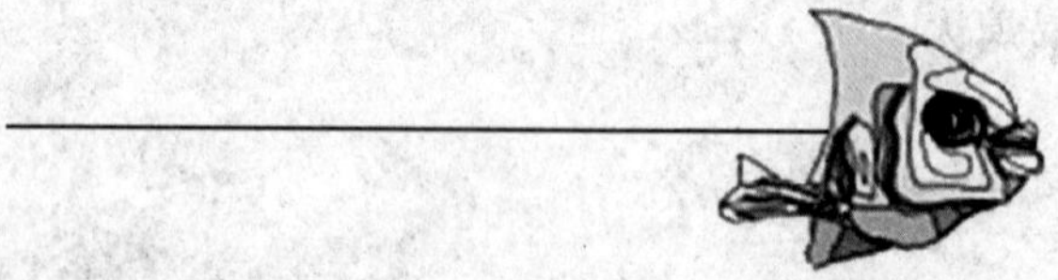

①______________________ ②______________________

③______________________ ④______________________

⑤______________________ ⑥______________________

⑦______________________ ⑧______________________

四、问答题

1. 汽车外部检查的主要内容有哪些？

2. OBD－Ⅱ规定的特定内容是什么？

3. 读取故障码的方法有哪几种？

4. 检查燃油泵是否工作的方法是什么？

实训报告单（1）

姓名：　　　　　　学号：　　　　　　班级：　　　　　　指导教师：

实训日期		实训地点	
实训项目	怠速不良		
实训目的			
实训仪器设备			
故障诊断排除步骤			
实训总结			
教师评语			

实训报告单（2）

姓名：　　　　　　　学号：　　　　　　　班级：　　　　　　　指导教师：

实训日期		实训地点	
实训项目	发动机动力不足		
实训目的			
实训仪器设备			
故障诊断排除步骤			
实训总结			
教师评语			

§2—2 电子点火系故障诊断与排除

一、填空题（将正确答案填写在横线上）

1. 电控电子点火系一般由电源、________、________、________、________、________和火花塞组成。

2. 无分电器点火系又称为直接点火系，分电器原有的功能由__________和________来完成。

3. 电子点火系故障诊断方法有两种：一是__________，二是__________________。

4. 电子点火系的常见故障有____________、____________、____________、____________。

二、判断题（对的打"√"，错的打"×"）

1. 电子点火系与传统点火系的故障诊断过程是完全相同的。 （ ）

2. 电子点火系与传统点火系相比，主要增加了点火控制器、点火信号传感器，取消了断电器。 （ ）

三、写出故障原因并画出鱼骨图

1. 发动机不能起动，且无着火征兆。

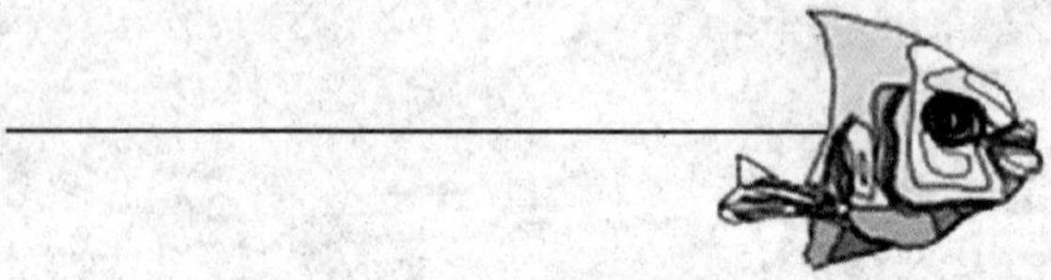

____

①______________________ ②______________________

③______________________ ④______________________

⑤______________________

2. 高压无火。

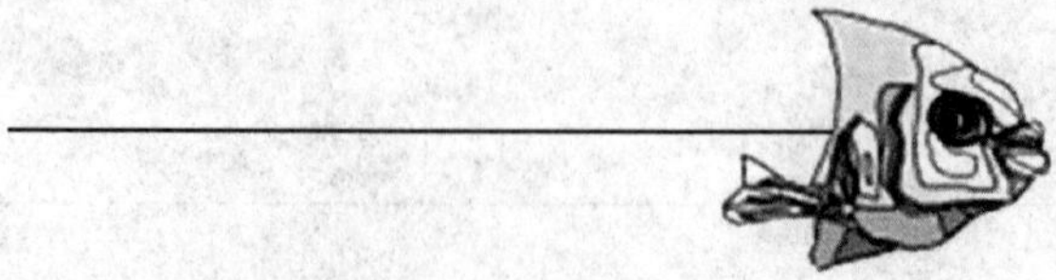

____

①______________________ ②______________________

③______________________ ④______________________

3. 高压火弱。

____

①______________ ②______________

③______________ ④______________

4. 个别缸不工作。

____

①______________ ②______________

③______________ ④______________

⑤______________

实训报告单（1）

姓名：　　　　　　　　学号：　　　　　　　　班级：　　　　　　　　指导教师：

实训日期		实训地点	
实训项目	发动机不能起动（普通电子点火系）		
实训目的			
实训仪器设备			
故障诊断排除步骤			
实训总结			
教师评语			

实训报告单（2）

姓名：　　　　　　学号：　　　　　　班级：　　　　　　指导教师：

实训日期		实训地点	
实训项目	发动机不能起动（电子控制无分电器电子点火系）		
实训目的			
实训仪器设备			
故障诊断排除步骤			
实训总结			
教师评语			

§2—3　汽油机油、电路综合故障诊断与排除

一、填空题（将正确答案填写在横线上）

1. 故障树分析法是一种__________方法，它以__________作为分析对象，通过对可能造成故障症状的各种原因进行__________，用图形表示其发生原因的__________。

2. 起动时曲轴转动速度正常，但需要较长时间才能起动，或有明显着车征兆而不能起动，这种故障现象属于________________。

3. 冷车起动困难的故障原因主要有____________、______________、______________、____________、____________或辅助空气阀故障等。

4. 热车起动困难的故障原因有________________________、________________________、________________或严重雾化不良、______________、________________、______________、______________、______________等。

5. 怠速抖动的现象是指____。

6. 怠速喘车的现象是指____。

7. 加速不良的故障现象为踩下加速踏板后，______________________________以及在加速过程中________________________________。

8. 发动机动力不足的故障现象为发动机无负荷运转时，________________________；但带负荷运转时，______________________________，加速踏板踩到底时______________________________。

9. 将加速踏板踩到底，检查节气门能否全开。如不能全开，应调整____________________。

二、选择题（将正确答案的代号填入括号中）

1. 发动机运转过程中逐渐熄火，多为（　　）故障。

A. 起动系统　　B. 点火系统　　C. 供油系统　　D. 冷却系统

2. 燃油压力过高可能是（　　）出现故障。

A. 燃油泵　　B. 燃油滤清器　　C. 油压调节器　　D. 加速踏板

3. 汽油机起动时有反转，怠速和急加速时有敲缸现象，则故障为（　　）。

A. 点火时间过迟　　B. 点火时间过早　　C. 触点间隙过小　　D. 加速踏板故障

三、判断题（对的打“√”，错的打“×”）

1. 点火时间过迟、混合气过稀或过浓，都将引起发动机冷却系水温过高。（　　）

2. 气缸压力不足或点火正时不准，都很难起动发动机。（　　）

3. 在点火开关接通时，不允许拆开任何 12 V 电器装置的连接线路。（　　）

4. 无论是指针式万用表或数字式万用表，均可以对电控发动机进行电阻、电压及电流

的数据测量。 (　　)

四、写出故障原因并画出鱼骨图

1. 发动机起动困难。

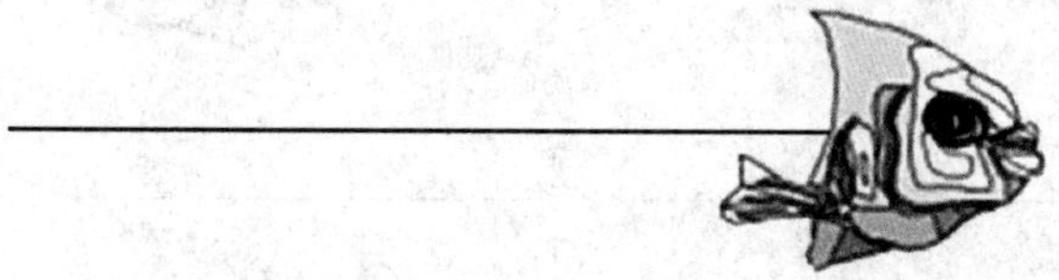

①________ ②________
③________ ④________
⑤________ ⑥________
⑦________ ⑧________
⑨________ ⑩________

2. 怠速过低。

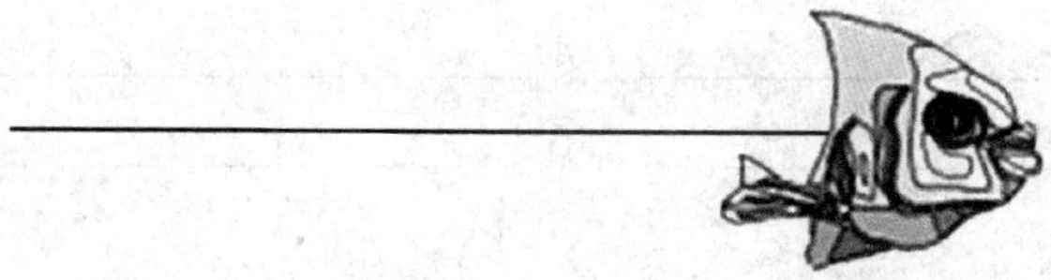

①________ ②________
③________ ④________
⑤________ ⑥________
⑦________ ⑧________
⑨________ ⑩________

3. 怠速抖动与喘车。

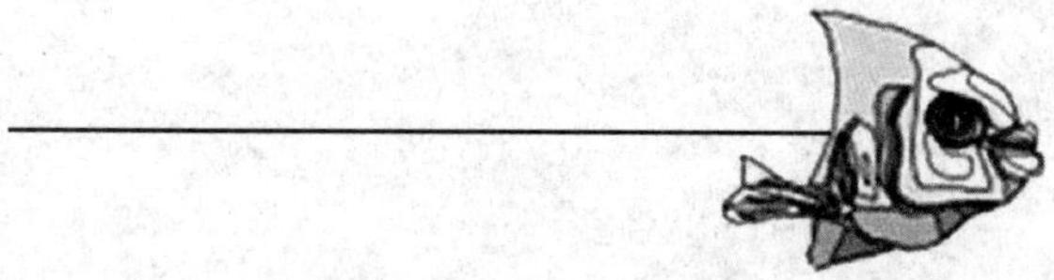

①________ ②________
③________ ④________
⑤________ ⑥________
⑦________

4. 怠速过高。

____

①______________________ ②______________________

③______________________ ④______________________

⑤______________________ ⑥______________________

⑦______________________

5. 发动机动力不足。

____

①______________________ ②______________________

③______________________ ④______________________

⑤______________________ ⑥______________________

实训报告单（1）

姓名：　　　　学号：　　　　班级：　　　　指导教师：

实训日期		实训地点	
实训项目	发动机起动困难		
实训目的			
实训仪器设备			
故障诊断排除步骤			
实训总结			
教师评语			

实训报告单（2）

姓名：　　　　学号：　　　　班级：　　　　指导教师：

实训日期		实训地点	
实训项目	发动机怠速过高		
实训目的			
实训仪器设备			
故障诊断排除步骤			
实训总结			
教师评语			

§2—4 冷却系故障诊断与排除

一、填空题（将正确答案填写在横线上）

1. 目前汽车发动机上采用____________冷却系。

2. 水冷却系主要由________、________、________、________、水管、水温表和传感器等组成。

3. 通常，冷却液在冷却系内的循环流动路线有两条，一条为__________，另一条为________。

4. 冷却系常见故障主要有冷却系________、________和____________。

5. 若发动机及冷却液温度正常，而水温表指示水温过高，则应检查水温表、____________和____________是否正常。

6. 冷却液液位过低，应检查冷却系是否存在________。

7. 在风量充足的条件下，用手触试散热器和发动机的温度。若散热器温度低，而发动机温度高，说明____________。

8. 若发动机及冷却液温度正常，而水温表指示水温过高，则应检查________、________和________是否正常。

二、写出故障原因并画出鱼骨图

1. 发动机过热。

①____________ ②____________

③____________ ④____________

⑤____________ ⑥____________

⑦____________ ⑧____________

⑨____________ ⑩____________

⑪____________ ⑫____________

2. 冷却液消耗异常。

①________________ ②________________

③________________ ④________________

⑤________________

§2—5 润滑系故障诊断与排除

一、填空题（将正确答案填写在横线上）

1. 润滑系一般由________、________、________、________、________、________和________等组成。

2. 润滑系的常见故障有________、________和________。

3. 机油消耗异常的故障现象是车辆正常行驶，每天检查机油时均发现________；________，机油加注口也出现________。

4. 发动机油底壳周围有漏油痕迹，说明油底壳________或________，应紧固或更换。

5. 发动机多处有机油渗出，但又找不出明显的漏油处，则应检查________，清理________。

6. 拔出机油标尺，检查机油量及品质。若机油液面低于“MIN”或“L”线，说明________；若机油颜色无变化，而黏度降低，且有燃油气味，说明________；若机油呈乳浊状并有泡沫，说明________。

7. 发动机运转过程中，机油压力突然升高，但没有其他异常现象，应首先检查________。此时，可接通点火开关，但不起动发动机，观察机油压力表指针是否升至最大值。若表指针升至最大值，则故障为________；若表指针指示零值，则应检查________，________，________等。

二、写出故障原因并画出鱼骨图

1. 机油压力过低。

①________________ ②________________

③________________ ④________________

⑤________________ ⑥________________

⑦________________ ⑧________________

⑨________________ ⑩________________

2. 机油压力过高。

____

①______________________ ②______________________
③______________________ ④______________________
⑤______________________ ⑥______________________
⑦______________________

3. 机油消耗异常。

____

①______________________ ②______________________
③______________________ ④______________________
⑤______________________ ⑥______________________
⑦______________________ ⑧______________________
⑨______________________ ⑩______________________

§2—6　柴油机燃料系故障诊断与排除

一、填空题（将正确答案填写在横线上）

1. 柴油机排气冒黑烟主要是燃料__________、可燃混合气__________或燃烧不完善等原因造成的。

2. 柴油机排气冒蓝烟，一般是发动机使用时间长，慢慢开始烧__________引起的。

3. 柴油机排气冒白烟表示排烟中含有__________或含__________成分。

4. 柴油机加速时，声音变得清脆并“咯咯”作响时，可能是__________所致；声音变得沉闷并“呼呼”作响且伴有加速无力时，可能是__________所致。

5. 柴油机工作中，振动加大，可能是柴油机________________________损坏，或柴油机________________________。

6. 柴油机高压油管脉动变得特别重时，可能是__________________所致。

7. 柴油机的正常工作主要靠正常供油来实现。当拆开供油低压管路后，可以改为用__________来泵油，寻找供油系__________供油部分的故障。

8. 打开散热器盖，起动发动机，发现有大量气泡从散热器上部冒出，说明

__________冲坏或__________有裂纹，进气行程时__________被吸入气缸。

9. 燃油箱内有水，应从燃油箱底部__________处将油箱内的水及杂物放尽，更换__________。

10. 柴油机起动时伴有敲击声并排黑烟，表明__________过早，应检查__________。

11. 柴油机动力不足故障现象主要有柴油机运转均匀，但__________；柴油机运转不均匀，__________，__________和柴油机__________。

12. 飞车是指__________的故障现象。

13. 若汽车在运行中出现飞车现象，应立即__________。

14. 若汽车静止，发动机空转时出现飞车现象，应及时采取__________的措施使柴油机熄火，否则会造成毁机事故。

15. 电控柴油机故障诊断的基本方法主要有________、________、________、________、________和专用工具法。

16. 电控柴油机一般有两种故障码检测方法：一种是通过__________读出故障码，再根据相应的故障码表查出故障内容；另一种是通过__________读出故障内容。

17. 汽车故障诊断仪是维修中非常重要的工具，一般具有________，________，________，________，________，________等功能。

18. 燃油共轨式电控喷油系统由__________和__________构成。

二、写出故障原因并画出鱼骨图

1. 起动时排气管不排烟。

①__________ ②__________

③__________ ④__________

⑤__________ ⑥__________

⑦__________ ⑧__________

⑨__________ ⑩__________

2. 起动时排气管排白烟。

①______________________ ②______________________

③______________________ ④______________________

3. 起动时排气管排黑烟。

____

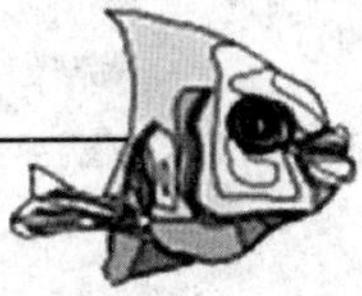

①______________________ ②______________________

③______________________ ④______________________

⑤______________________ ⑥______________________

⑦______________________ ⑧______________________

⑨______________________ ⑩______________________

4. 柴油机运转均匀，但转速提不高、排烟少。

____

①______________________ ②______________________

③______________________ ④______________________

⑤______________________ ⑥______________________

⑦______________________

5. 柴油机运转不均匀，排白烟。

____

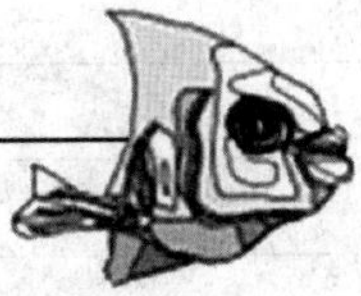

①______________________ ②______________________

③______________________ ④______________________

6. 柴油机运转不均匀，排黑烟。

____

①______________________ ②______________________

③______________________ ④______________________

⑤______ ⑥______

⑦______ ⑧______

7. 柴油机“游车”。

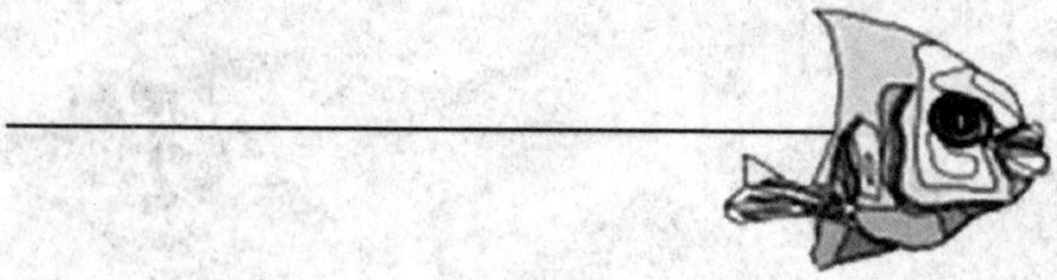

______

①______ ②______

③______ ④______

⑤______ ⑥______

8. 柴油机怠速不稳。

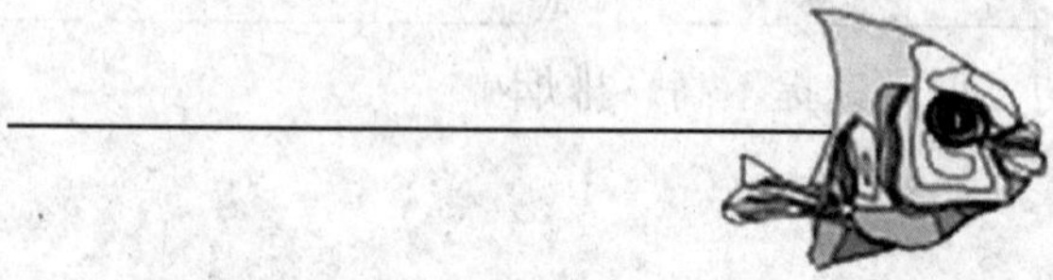

______

①______ ②______

③______ ④______

⑤______ ⑥______

9. 柴油机飞车。

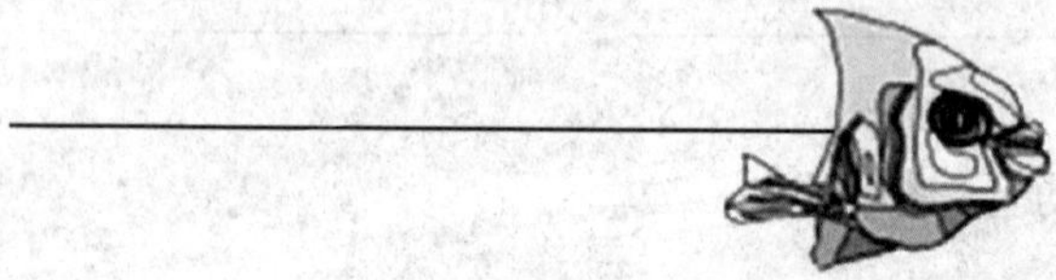

______

①______ ②______

③______ ④______

⑤______ ⑥______

10. 柴油机工作粗暴。

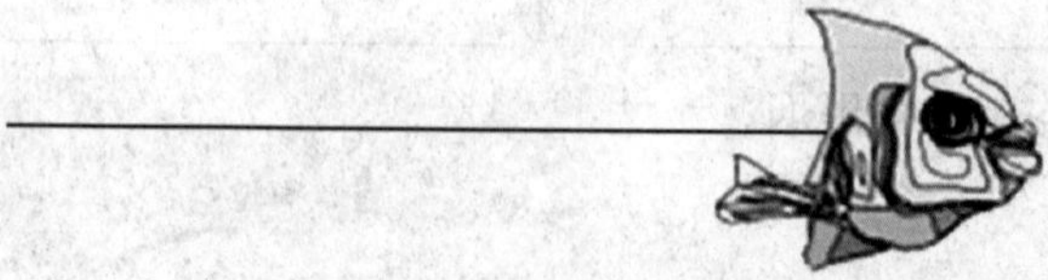

______

①______ ②______

③______ ④______

⑤______ ⑥______

⑦______

实训报告单（1）

姓名：　　　　　　学号：　　　　　　班级：　　　　　　指导教师：

<table>
<tr><td>实训日期</td><td></td><td>实训地点</td><td></td></tr>
<tr><td>实训项目</td><td colspan="3">柴油机难以起动</td></tr>
<tr><td>实训
目的</td><td colspan="3"></td></tr>
<tr><td>实训
仪器
设备</td><td colspan="3"></td></tr>
<tr><td>故障
诊断
排除
步骤</td><td colspan="3"></td></tr>
<tr><td>实训
总结</td><td colspan="3"></td></tr>
<tr><td>教师
评语</td><td colspan="3"></td></tr>
</table>

实训报告单（2）

姓名：　　　　　　　　学号：　　　　　　　　班级：　　　　　　　　指导教师：

实训日期		实训地点	
实训项目	柴油机怠速不稳		
实训目的			
实训仪器设备			
故障诊断排除步骤			
实训总结			
教师评语			

§2—7　发动机异响故障诊断与排除

一、填空题（将正确答案填写在横线上）

1. 发动机异响标志发动机某一机构的技术状态已发生变化，主要是＿＿＿＿＿＿＿＿。

2. 发动机异响常与发动机的＿＿＿＿＿、＿＿＿＿＿、＿＿＿＿＿、＿＿＿＿＿、＿＿＿＿＿等有关。

3. 异响在发动机急加速时出现，维持高速运转时声响仍存在，可能原因为：

（1）＿＿＿＿＿＿＿＿＿＿＿＿＿＿＿＿＿＿。

（2）＿＿＿＿＿＿＿＿＿＿＿＿＿＿＿＿＿＿。

（3）＿＿＿＿＿＿＿＿＿＿＿＿＿＿＿＿＿＿。

4. 发动机在怠速或低速运转时异响，可能原因为：

（1）＿＿＿＿＿＿＿＿＿＿＿＿＿＿＿＿＿＿。

（2）＿＿＿＿＿＿＿＿＿＿＿＿＿＿＿＿＿＿。

（3）＿＿＿＿＿＿＿＿＿＿＿＿＿＿＿＿＿＿。

（4）＿＿＿＿＿＿＿＿＿＿＿＿＿＿＿＿＿＿。

（5）＿＿＿＿＿＿＿＿＿＿＿＿＿＿＿＿＿＿。

5. 发动机维持在某转速时声响紊乱，急减速时相继发出短暂声响，可能原因为：

（1）＿＿＿＿＿＿＿＿＿＿＿＿＿＿＿＿＿＿。

（2）＿＿＿＿＿＿＿＿＿＿＿＿＿＿＿＿＿＿。

（3）＿＿＿＿＿＿＿＿＿＿＿＿＿＿＿＿＿＿。

（4）＿＿＿＿＿＿＿＿＿＿＿＿＿＿＿＿＿＿。

6. 某缸断火，异响顿无或减轻，可能原因为：

（1）＿＿＿＿＿＿＿＿＿＿＿＿＿＿＿＿＿＿。

（2）＿＿＿＿＿＿＿＿＿＿＿＿＿＿＿＿＿＿。

（3）＿＿＿＿＿＿＿＿＿＿＿＿＿＿＿＿＿＿。

（4）＿＿＿＿＿＿＿＿＿＿＿＿＿＿＿＿＿＿。

7. 某缸断火后声响加重，或原来无响，此时反而出现声响，可能原因为：

（1）＿＿＿＿＿＿＿＿＿＿＿＿＿＿＿＿＿＿。

（2）＿＿＿＿＿＿＿＿＿＿＿＿＿＿＿＿＿＿。

（3）＿＿＿＿＿＿＿＿＿＿＿＿＿＿＿＿＿＿。

（4）＿＿＿＿＿＿＿＿＿＿＿＿＿＿＿＿＿＿。

（5）＿＿＿＿＿＿＿＿＿＿＿＿＿＿＿＿＿＿。

8. 相邻两缸断火，异响减轻或消失，可能原因为：＿＿＿＿＿＿＿＿。

9. 发动机低温发响，温度升高后声响减轻，甚至消失，可能原因为：

（1）____。

（2）____。

（3）____。

10. 发动机温度升高后有声响，温度降低后声响减轻或消失，可能原因为：

（1）____。

（2）____。

（3）____。

（4）____。

（5）____。

11. 凡由曲柄连杆机构引起的声响，均为发动机做功一次发响________次；凡由配气机构引起的声响，均为发动机做功一次发响________次。

12. 发动机异响常见故障主要有____________________和________________。

13. 发动机异响的诊断方法有两种，即__________________和____________________。

14. 若踏下离合器踏板，声响减轻或消失，则为____________________。

15. 发动机温度越高，声响越明显，高转速时，声响变得杂乱，则可能是__________。

16. 在诊断曲轴轴承响时，发动机高速运转，机体有较大的抖动，载重爬坡时，有振动感，机油压力明显下降，则说明____________________或____________________。

17. 当发动机温度变化时，在任何转速情况下，都发出有节奏的“当当”声，且气缸盖抖动很强，做断火和复火试验都一样，则可断定是____________________________。

18. 发动机怠速运转时，在正时齿轮室盖处发出“嘎啦、嘎啦”声，发动机转速提高到中速，声响比较突出，此时，用试棒或机械故障听诊器仪触在正时齿轮室盖上倾听，声响更为明显且有振动，说明____________________而发响。

二、选择题（将正确答案的代号填入括号中）

1. 利用单缸断火法试验，若某缸断火时声响减弱或消失，且在复缸的同时声响又立刻出现，说明是该缸的（　　）。

A. 连杆轴承响　　B. 曲轴轴承响　　C. 飞轮响　　D. 活塞敲缸响

2. 发动机冷车起动并怠速运转时，在气缸上部发出清晰、明显、有规律的“嗒嗒”声，中速以上运转时声响消失，说明（　　）。

A. 连杆轴承响　　B. 曲轴轴承响　　C. 飞轮响　　D. 活塞敲缸响

3. 机油压力过低，缸壁润滑不良，可能会出现（　　）。

A. 连杆轴承响　　B. 曲轴轴承响　　C. 飞轮响　　D. 活塞敲缸响

4. 活塞环背隙、端隙过小会导致（　　）。

A. 连杆轴承响　　B. 曲轴轴承响　　C. 飞轮响　　D. 活塞敲缸响

5. 发动机怠速运转时，发出连续不断且有节奏的“嗒嗒”声，说明（　　）。

A. 连杆轴承响　　B. 曲轴轴承响　　C. 气门响　　D. 活塞敲缸响

6. 声响比较复杂，有时有节奏，有时无节奏；有时间断响，有时又连续响，这个故障一般是（　　）。

A. 连杆轴承响　　B. 正时齿轮响　　C. 气门响　　D. 活塞敲缸响

7. 在进行单缸断火试验时，声响无变化，可能是（　　）。

A. 活塞销响　　B. 曲轴轴承响　　C. 活塞环响　　D. 火花塞响

三、判断题（对的打“√”，错的打“×”）

1. 声响混杂，出现“咯楞、咯楞”或“哗啦、哗啦”声。用断火法检查单缸和双缸，若声响减弱或消失，说明多缸连杆轴承和轴径磨损严重或连杆轴承盖的连接螺栓松动。（　　）

2. 曲轴轴承异响是一种“当当”的金属敲击声。（　　）

3. 在机油加注口处听察，反复变换发动机转速，当突然加速或减速时，若有明显的金属敲击声（“当当”），用旋具在缸体曲轴位置听察，变化转速时声响明显，则可断定为曲轴轴承异响。（　　）

4. 曲柄连杆机构和配气机构的异响与发动机工作循环没有关系。（　　）

四、写出故障原因并画出鱼骨图

1. 发动机曲轴轴承异响。

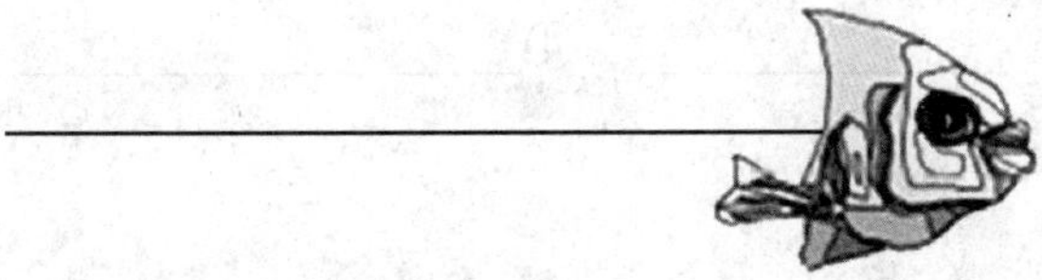

①________________　②________________

③________________　④________________

⑤________________　⑥________________

2. 发动机连杆轴承异响。

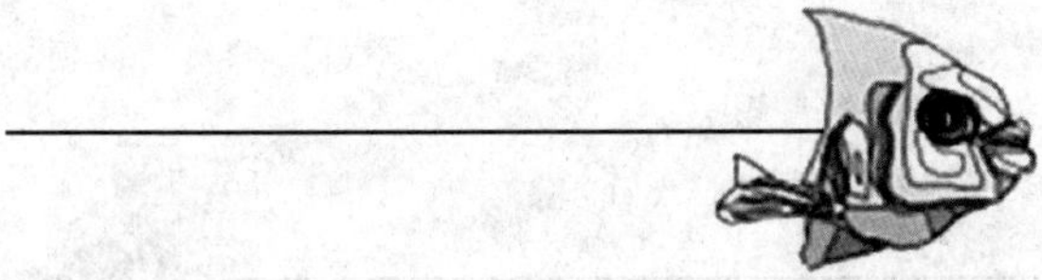

①________________　②________________

③________________　④________________

3. 发动机冷态敲缸。

①　　　　②

③

4. 发动机热态敲缸。

①　　　　②

③　　　　④

5. 发动机冷、热态均敲缸。

①　　　　②

③　　　　④

6. 气门异响。

①　　　　②

③　　　　④

⑤　　　　⑥

7. 正时齿轮异响。

①　　　　②

③______________________________ ④______________________________

⑤______________________________ ⑥______________________________

五、问答题

1. 确定异响的原则是什么？

2. 当异响出现在怠速或低速运转期间，诊断的程序是什么？

3. 异响出现在高速运转期间，诊断的程序是什么？

4. 发动机曲轴轴承异响的故障现象是什么？

5. 发动机连杆轴承异响的故障现象是什么？

6. 发动机冷态敲缸的故障现象是什么？

7. 发动机热态敲缸的故障现象是什么？

8. 发动机冷、热态均敲缸的故障现象是什么？

9. 气门异响的故障现象是什么？

10. 正时齿轮异响的故障现象是什么？

第三章　汽车底盘故障诊断与排除

§3—1　传动系故障诊断与排除

一、填空题（将正确答案填写在横线上）

1. 离合器安装在________和________之间的________内。

2. 汽车上目前广泛采用________离合器。

3. 摩擦片式离合器主要由________、________、________和________四部分组成。

4. 离合器的常见故障有________、________、________和________。

5. 汽车起步时，完全放松离合器踏板，汽车仍不能行走，属于________故障。

6. 汽车起步时，将离合器踏板踏到底，仍感到挂挡困难，强行挂入挡后，未放松踏板，汽车就向前移动或造成发动机自行熄火，这种现象是由于________造成的。

7. 对于液压操纵式离合器，离合器总成经检查调整后仍分离不彻底，应检查________现象，并对________进行排除空气。

8. 汽车起步时发生抖振和闯动，是由于________造成的。

9. 汽车在运行中，当离合器在接合或分离的瞬间，发出一种“咔”或“吭”的声响，特别是重载车起步时尤为明显，说明________或________。

10. 手动变速器常见故障有________、________、________和________。

11. 变速器变速时，挂入的挡位与应该挂入的挡位不相符，这种现象属于________。

12. 若变速杆能任意转动，表明________或________，应修理或更换。

13. 变速器异响是指________的声响，主要是________和________而引起的噪声。

14. 若汽车以任何挡位、任何车速行驶，变速器均有金属干摩擦声，用手摸变速器外壳有烫手的感觉，应检查________和________。

15. 发动机怠速运转时，若变速器空挡有异响，而踏下离合器踏板后声响消失，故障在________。

16. 汽车在起步或换挡过程踏离合器踏板的瞬间，变速器发出强烈的金属摩擦声，而在离合器完全接合后声响消失，故障在________。

17. 变速器同时能挂入两个挡，输出轴卡住不转，应拆下变速器盖，检查和修理变速器

__________。

18. 空挡时无异响，当挂入某一挡位时产生异响，应检查该挡位的__________情况。

19. 低速挡行驶时有异响，但高速时声响减弱或消失，应检查变速器__________的松旷程度。

20. 用直接挡行驶时无异响，而其他挡均有异响，应检查变速器__________________和__________________。

21. 万向传动装置的作用是____。

22. 万向传动装置常见故障有______________和______________。

23. 当汽车行驶达到一定速度时，车身出现严重振动，车门、转向盘等强烈振响，这种现象是由于__________造成的。

24. 汽车行驶时产生周期性声响和振动，车速越快振抖越大，应检查__________是否对正。

25. 若传动轴运转时发出连续振响，将发动机熄火后用手握住中间支承架附近的中间传动轴上下晃动，若有松旷感，说明____。

26. 驱动桥常见故障有______________、______________和______________。

27. 若汽车直线行驶时无异响，而转弯时后驱动桥出现异响，故障在___________。

28. 挂挡行驶时后驱动桥有异响，而空挡滑行时异响减轻或消失，故障在__________。

二、写出故障原因并画出鱼骨图

1. 离合器打滑。

①______________________________ ②______________________________

③______________________________ ④______________________________

⑤______________________________

2. 离合器分离不彻底。

①______________________________ ②______________________________

③______________________________ ④______________________________

⑤______________________________ ⑥______________________________

⑦______________________________ ⑧______________________________

⑨______________________________

3. 离合器发抖。

①________________ ②________________
③________________ ④________________
⑤________________ ⑥________________
⑦________________ ⑧________________

4. 离合器异响。

①________________ ②________________
③________________ ④________________
⑤________________

5. 变速器跳挡。

①________________ ②________________
③________________ ④________________
⑤________________ ⑥________________
⑦________________ ⑧________________
⑨________________ ⑩________________

6. 变速器乱挡。

①________________ ②________________
③________________ ④________________
⑤________________

7. 变速器异响。

①________________ ②________________

③________________ ④________________

⑤________________ ⑥________________

⑦________________ ⑧________________

8. 变速器漏油。

①________________ ②________________

③________________ ④________________

⑤________________ ⑥________________

9. 传动轴发抖。

①________________ ②________________

③________________ ④________________

⑤________________ ⑥________________

10. 传动轴异响。

①________________ ②________________

③________________ ④________________

⑤________________ ⑥________________

⑦________________

11. 驱动桥异响。

①______________________ ②______________________
③______________________ ④______________________
⑤______________________ ⑥______________________
⑦______________________ ⑧______________________
⑨______________________

12. 后驱动桥过热。

①______________________ ②______________________
③______________________

13. 后驱动桥漏油。

①______________________ ②______________________
③______________________ ④______________________
⑤______________________ ⑥______________________

实训报告单

姓名：　　　　　　学号：　　　　　　班级：　　　　　　指导教师：

实训日期		实训地点	
实训项目	离合器打滑		
实训目的			
实训仪器设备			
故障诊断排除步骤			
实训总结			
教师评语			

§3—2 转向系故障诊断与排除

一、填空题（将正确答案填写在横线上）

1. 机械式转向系由____________________、____________和______________三大部分组成。

2. 机械式转向系的常见故障有______________、____________和______________。

3. 汽车行驶跑偏是指____。

4. 左、右轮胎新旧程度不一样容易造成____________________。

5. 汽车转向轮摆动是指____。

6. 液压式动力转向系是在机械式转向系的基础上，增加了______________________、______________、____________________等一套液压助力装置。

7. 在液压式动力转向系的故障诊断过程中，在排除了机械机构的故障原因后，应主要对____________________进行检查。

二、写出故障原因并画出鱼骨图

1. 转向沉重。

①______________________ ②______________________

③______________________ ④______________________

⑤______________________ ⑥______________________

⑦______________________ ⑧______________________

⑨______________________ ⑩______________________

⑪______________________ ⑫______________________

2. 汽车行驶跑偏。

①______________________ ②______________________

③______________________ ④______________________

⑤______________________ ⑥______________________

⑦________________ ⑧________________

⑨________________

3. 转向轮摆动。

____

①________________ ②________________

③________________ ④________________

⑤________________ ⑥________________

⑦________________ ⑧________________

4. 动力转向系工作不良。

____

①________________ ②________________

③________________ ④________________

⑤________________ ⑥________________

⑦________________

实训报告单

姓名： 学号： 班级： 指导教师：

<table>
<tr><td>实训日期</td><td></td><td>实训地点</td><td></td></tr>
<tr><td>实训项目</td><td colspan="3">液压式动力转向系工作不良</td></tr>
<tr><td>实训
目的</td><td colspan="3"></td></tr>
<tr><td>实训
仪器
设备</td><td colspan="3"></td></tr>
<tr><td>故障
诊断
排除
步骤</td><td colspan="3"></td></tr>
<tr><td>实训
总结</td><td colspan="3"></td></tr>
<tr><td>教师
评语</td><td colspan="3"></td></tr>
</table>

§3—3　行驶系故障诊断与排除

一、填空题（将正确答案填写在横线上）

1. 汽车行驶系一般由__________、__________、__________和__________组成。

2. 汽车行驶系的常见故障有：

（1）____________________。

（2）____________________。

（3）____________________。

（4）____________________。

（5）____________________。

3. 汽车在不平路面上行驶时车身强烈振动并连续跳动，这种情况一般是由于__________失效造成的。

4. 电控悬架系统的常见故障有__________不起作用、__________失效和____________________。

5. 汽车在行驶、驻车或汽车总质量发生变化时，车高变化不大或没有变化甚至产生相反的变化，这是由于电控悬架系统的__________不起作用。

6. 汽车在行驶、驻车、乘员和行李质量发生变化时，车辆高度控制虽有变化，但是前后左右高低变化不均匀，这是由于电控悬架系统的__________造成的。

7. 巡航控制系统常见故障有____________________、____________________、____________________。

8. 巡航控制系统间歇性工作是指____________________。

9. 电控悬架与巡航控制系统的维修，首先要弄清__________故障，然后再对__________系统进行检查。

10. 检查电子控制系统时，首先应该进行____________________，然后根据__________判断故障可能发生的部位及性质。

11. 对某电子系统进行检查之前，应先拆开__________________。

12. 在拆除蓄电池搭铁线前应先进行__________，因为__________会自动清除。

二、写出故障原因并画出鱼骨图

1. 悬架发生刚性碰撞或异响。

①________________ ②________________
③________________ ④________________
⑤________________ ⑥________________

2. 减振器失效。

①________________ ②________________
③________________ ④________________

3. 轮胎异常磨损。

①________________ ②________________
③________________ ④________________
⑤________________ ⑥________________
⑦________________ ⑧________________
⑨________________ ⑩________________

4. 电控悬架系统高度控制功能不起作用。

①________________ ②________________
③________________ ④________________

⑤______________________

5. 悬架刚度和阻尼系数控制失效。

____

①______________________ ②______________________

③______________________ ④______________________

⑤______________________ ⑥______________________

6. 汽车高度调节不均匀。

____

①______________________ ②______________________

③______________________

7. 巡航控制操作不能调整。

____

①______________________ ②______________________

③______________________ ④______________________

⑤______________________

8. 巡航控制系统间歇性工作。

____

①______________________ ②______________________

③______________________

9. 巡航控制系统不工作。

①____________________ ②____________________

③____________________ ④____________________

⑤____________________ ⑥____________________

实训报告单

姓名：　　　　　学号：　　　　班级：　　　　指导教师：

实训日期		实训地点	
实训项目	电控悬架故障诊断		
实训目的			
实训仪器设备			
故障诊断排除步骤			
实训总结			
教师评语			

§3—4 制动系故障诊断与排除

一、填空题（将正确答案填写在横线上）

1. 液压式制动系统是利用液体作为动力源，由________、________、________、________、________、油管、制动灯开关、指示灯和比例阀等组成。

2. 液压式制动系常见故障有________、________、________和________。

3. 制动时，汽车不能立即减速或停车，制动减速度小，制动距离长，这种现象属于________。

4. 连续踏下制动踏板，制动踏板位置能逐渐升高，再往下踏感到有弹性，故障可能是________________。

5. 一脚制动不灵，连续踏下制动踏板时，踏板位置逐渐升高且制动效果良好，故障可能是________________________________。

6. 连续踏下制动踏板，踏板位置能逐渐升高，升高后继续用脚踏紧，此时若感到踏板有下沉的感觉，故障可能是制动系中有________或________关闭不严。

7. 若踩下制动踏板时需用力大，而且感觉很硬，故障可能在________。

8. 制动时车辆向左跑偏，即为________制动不灵。

9. 当确定某车轮制动不良后，应先调整________的间隙。

10. 若各车轮的制动效能均良好，制动时仍跑偏，故障可能是________或________等。

11. 汽车行驶一定里程后，用手触摸各制动鼓均感觉发热，表明故障在________、________或________。

12. 制动拖滞故障在制动主缸，应先检查________。

13. 气压制动系统主要由________、________、________、________、________和辅助制动装置等组成。

14. 驻车制动装置按其安装位置可分为________和________两种。

15. 驻车制动装置常见故障有________和________。

16. 驻车制动装置制动不灵是指________________________。

17. ABS 系统的故障基本上可分为________、________和________三大类。

18. ABS 工作异常故障现象是指________、________和________。

19. 在 ABS 修理前，为了检查故障所在，应先________________________________。

20. 插拔 ABS 电气插头之前，必须________________________。

二、写出故障原因并画出鱼骨图

1. 制动失效。

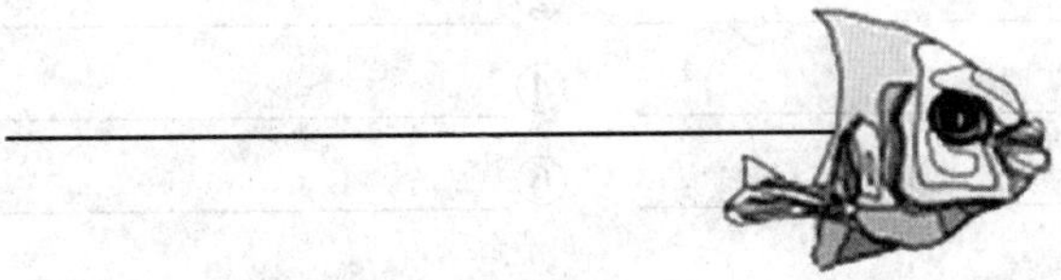

____

①______________________________ ②______________________________

③______________________________ ④______________________________

⑤______________________________ ⑥______________________________

⑦______________________________ ⑧______________________________

2. 制动不良。

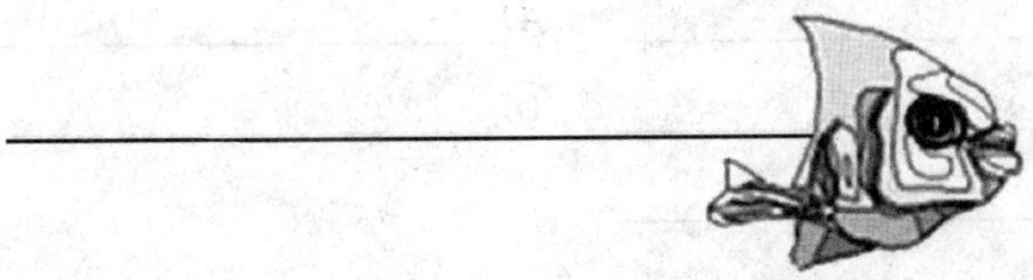

____

①______________________________ ②______________________________

③______________________________ ④______________________________

⑤______________________________ ⑥______________________________

⑦______________________________ ⑧______________________________

3. 制动跑偏。

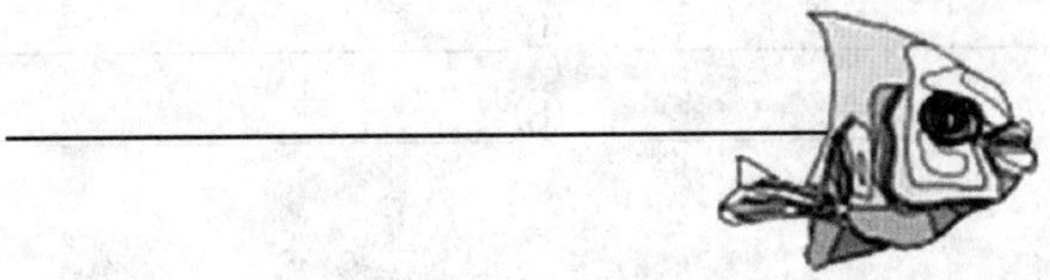

____

①______________________________ ②______________________________

③______________________________ ④______________________________

⑤______________________________ ⑥______________________________

⑦______________________________ ⑧______________________________

⑨______________________________ ⑩______________________________

⑪______________________________

4. 制动拖滞。

①______ ②______
③______ ④______
⑤______ ⑥______
⑦______

5. 气压制动失效。

①______ ②______
③______ ④______
⑤______ ⑥______
⑦______

6. 气压制动不良。

①______ ②______
③______ ④______
⑤______ ⑥______
⑦______ ⑧______

7. 气压制动跑偏。

①______ ②______
③______ ④______
⑤______ ⑥______

⑦________________ ⑧________________

⑨________________ ⑩________________

⑪________________

8. 气压制动拖滞。

____

①________________ ②________________

③________________ ④________________

⑤________________ ⑥________________

⑦________________ ⑧________________

9. 驻车制动不灵。

____

①________________ ②________________

③________________ ④________________

⑤________________

10. 驻车制动拖滞。

____

①________________ ②________________

③________________

11. ABS 工作异常。

____

①________________ ②________________

③________________ ④________________

⑤________________ ⑥________________

12. ABS 液压泵工作不良。

①______ ②______
③______

13. 发动机起动后，ABS 警告灯常亮。

①______ ②______
③______

实训报告单

姓名：　　　　　　学号：　　　　　　班级：　　　　　　指导教师：

实训日期		实训地点	
实训项目	用 V. A. G1552 故障诊断仪检测 ABS 系统故障		
实训目的			
实训仪器设备			
故障诊断排除步骤			
实训总结			
教师评语			

第四章　汽车电气设备故障诊断与排除

§4—1　汽车电气故障诊断知识

一、填空题（将正确答案填写在横线上）

1. 汽车电气设备发生故障的原因有________、________、________和异常使用环境。

2. 汽车电气设备常用的故障诊断方法有________、________、________、________、________、________、________、________、________和专用仪器检测法。

3. 更换三极管时，应首先接入______；拆卸时，应最后拆卸______。

4. 焊接元件时，如果温度超过 80℃，应先________。

5. 拆卸蓄电池时，应先拆后装______电缆。

6. 拆下或装上蓄电池电缆时，应确保________，否则会导致半导体元器件的损坏。

二、判断题（对的打“√”，错的打“×”）

1. 不允许使用欧姆表及万用表的 R×100 以下低阻欧姆挡检测小功率晶体管，以免电流过载损坏。（　　）

2. 在传统汽车电器故障诊断中可用的一些方法，如“试火”等，在现代轿车中依然可以使用。（　　）

3. 维修进口汽车电器时一般使用指针式万用表。（　　）

4. 焊接元件宜使用恒温或功率小于 75 W 的电烙铁。（　　）

三、问答题

汽车电气设备故障诊断的一般程序是什么？

§4—2　充电系故障诊断与排除

一、填空题（将正确答案填写在横线上）

1. 充电系由________________、________________和________________组成。

2. 蓄电池的常见故障有________________、________________、________________和________________。

3. 自放电故障是指：

（1）____。

（2）____。

4. 汽车交流发电机主要由____________、____________、____________、________和____________等组成。

5. 发电机不充电是指____。

二、写出故障原因并画出鱼骨图

1. 极板硫化。

①______________________________　②______________________________

③______________________________　④______________________________

2. 蓄电池活性物质大量脱落。

①______________________________　②______________________________

③______________________________

3. 蓄电池非正常自行放电。

①______________________ ②______________________

③______________________ ④______________________

4. 电解液损耗过快。

①______________________ ②______________________

5. 发电机不充电故障。

①______________________ ②______________________

③______________________ ④______________________

⑤______________________ ⑥______________________

6. 发电机充电电流过小。

①______________________ ②______________________

③______________________ ④______________________

7. 发电机充电电流过大。

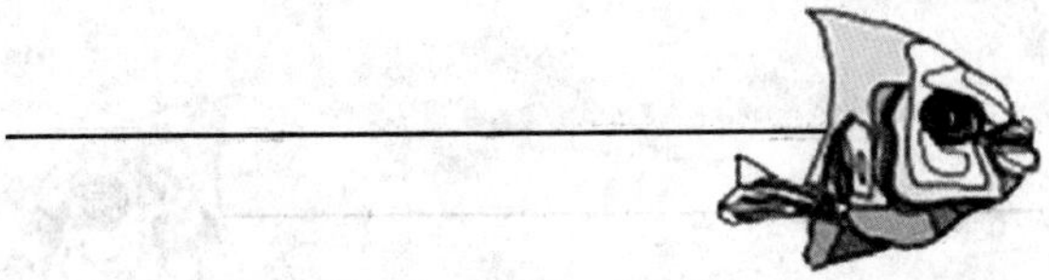

____

①________________ ②________________
③________________ ④________________

8. 充电指示灯不亮。

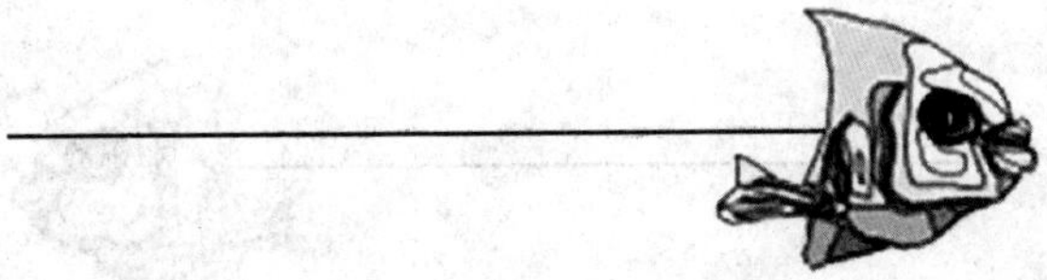

____

①________________ ②________________
③________________ ④________________

§4—3 起动系故障诊断与排除

一、填空题（将正确答案填写在横线上）

1. 起动系由________、________和________组成。

2. 起动机由________、________和________三部分组成。

3. 起动系的常见故障有________、________、________和________。

4. 起动机运转无力的故障现象是：

（1）________________。

（2）________________。

5. 起动机空转是指________________。

6. 接通起动机，若起动机低速空转，说明________。

7. 使用起动机后，放松点火开关，起动机仍转动不停，驱动齿轮与飞轮齿圈仍保持啮合而不能回位，这种现象是由于________造成的。

二、写出故障原因并画出鱼骨图

1. 起动机不转。

①______________________ ②______________________

③______________________ ④______________________

2. 起动机运转无力。

①______________________ ②______________________

③______________________ ④______________________

⑤______________________ ⑥______________________

3. 起动机空转。

①______________________ ②______________________

③______________________ ④______________________

4. 起动机异响。

①________________________ ②________________________

5. 单向离合器不回位。

①________________________ ②________________________

③________________________ ④________________________

⑤________________________ ⑥________________________

§4—4 汽车照明、信号及仪表装置故障诊断与排除

一、填空题（将正确答案填写在横线上）

1. 汽车照明装置的常见故障有____________________、____________________。

2. 信号装置的常见故障有______________、______________、______________、______________、______________。

3. 机油压力表指针指示不正常的故障现象是：

（1）____。

（2）____。

4. 水温表指针指示不正常故障现象是____。

5. 通常采用测量各种电阻式传感器_________的方法来判断它的好坏。

二、写出故障原因并画出鱼骨图

1. 前照灯不亮。

①________________________ ②________________________

③________________________ ④________________________

2. 前照灯灯光暗淡。

①________________ ②________________
③________________ ④________________

3. 转向信号灯不工作。

①________________ ②________________
③________________ ④________________
⑤________________

4. 制动灯不亮。

①________________ ②________________
③________________ ④________________

5. 喇叭不响。

①________________ ②________________
③________________ ④________________
⑤________________

6. 喇叭长鸣不止。

①______________________ ②______________________
③______________________

7. 喇叭声音异常。

①______________________ ②______________________
③______________________ ④______________________
⑤______________________ ⑥______________________
⑦______________________

8. 电流表指针不动、指示不准。

①______________________ ②______________________
③______________________ ④______________________
⑤______________________

9. 机油压力表指针指示不正常。

①______________________ ②______________________
③______________________ ④______________________

10. 燃油表指针指示不正常。

①________________ ②________________

实训报告单

姓名：　　　　　　学号：　　　　　　班级：　　　　　　指导教师：

实训日期		实训地点	
实训项目	喇叭不响		
实训目的			
实训仪器设备			
故障诊断排除步骤			
实训总结			
教师评语